우리는 3학년!

우리는 3학년!

글

구하라
김도훈
김로하
김지한
박준서
송아현
신승우
신지우
심재형
안제이
조현태
함상현

차례

작가 소개 5

우당탕탕 운산맛집 대소동 - 송아현 10

운산 숲의 비밀(1) - 조현태 20

운산 숲의 비밀(2) - 함상현 28

사랑은 계속된다 - 신승우 38

구름사다리와 친구들 - 구하라 44

빨간 지붕 빈집 - 김지한 56

처음 본 학교 - 박준서 64

화해시키기 대작전 - 김도훈 74

물귀신이 되었다! - 김로하 82

3학년부터 사랑을 시작했다 - 안제이 90

곤충 이야기 - 심재형 98

친구가 필요한 순간 - 신지우 104

에필로그 112

 ## 작가 소개

송아현 <우당탕탕 운산맛집 대소동>
내 이름은 송아현입니다. 저는 그림, 피아노, 만들기, 체육, 놀기를 좋아합니다. 그림, 피아노, 만들기는 혼자 조용히 나만의 시간을 가질 수 있어서 좋고, 축구나 술래잡기, 구름사다리는 친구들 가족과 함께 시간을 가질 수 있어서 행복합니다. 그래서 '혼자'와 '같이'라는 것을 중요하게 생각하고 좋아합니다.

조현태 <운산 숲의 비밀 (1)>
나는 달리는 것, 만들기, 사는 것을 좋아합니다. 나는 육상대회에 나갔었습니다. 아쉽게도 꼴찌에서 두 번째로 들어왔습니다.

함상현 <운산 숲의 비밀 (2)>
저는 친구들과 노는 것을 가장 좋아합니다. 그리고 저는 원숭이를 닮아서 원숭이를 좋아하고 잘하는 것은 게임입니다. 친구들은 저를 원숭이라고 불러요. 어떤 친구는 "숭이야, "숭이야"라고 합니다. 동화를 써주게 해 준 차차쌤 최고! 감사합니다.   *추신: <운산 숲의 비밀> 재밌게 읽어주세요~!

신승우 <사랑은 계속된다>
전 신승우 작가입니다. 선생님이 저를 작가로 만들어주셔서 좋습니다. 전 곤충을 가장 좋아합니다. 춤도 잘 추는데 그중에서 제로투, 탕후루 춤을 잘 춥니다.

구하라 <구름사다리와 친구들>
저는 구하라 작가입니다. 저는 좋아하는 것들이 많습니다. 제가 좋아하는 고양이 인형도 있습니다. 이름은 몽실이고, 고양이 인형입니다. 취미는 그림 그리기, 만화 그리기입니다. 그래서 가끔 저의 만화를 친구들에게 보여 준 적이 있습니다. 장난은 많이 안 치고 좀 차분한 성격이고 언제는 활발할 때도 있습니다.

김지한 <빨간 지붕 빈집>
친구들과 노는 것을 제일 좋아하는 김지한입니다. 우리 반 친구들은 나를 돼지라고 부릅니다. 내는 내가 건강하다고 믿습니다. 저는 나중에 요리사를 할 겁니다. 왜냐면 먹는 걸 좋아하고 하고 싶으니까 할 겁니다.

박준서 <처음 본 학교>

나는 7살부터 3학년 1학기까지 제주도에서 살다가 여름방학 때 전학을 왔다. 전 학교가 그립기도 했지만, 이 학교에서 새로운 친구들도 사귀고 적응도 잘해서 학교생활을 즐겁게 하고 있다.

김도훈 <화해시키기 대작전>

나는 우리 반에서 첫 번째로 안경을 썼다. 그리고 나는 항상 울면서 웃는다. 이유는 나는 괜찮은데 눈물이 나온다. 가끔 제어가 안 된다. 나는 운산초에서 전학을 안 갈 거다. 운산초는 거의 다 좋다.

김로하 <물귀신이 되었다!>

저는 축구할 때가 가장 좋은 사람입니다. 학교 형들이 나를 알로하라고 부릅니다. 유명한 축구선수가 되고 싶습니다. 카피바라를 좋아하고 체육도 좋아합니다. 카피바라는 귀여워서 좋습니다. 차차쌤 최고!

안제이 <3학년부터 사랑을 시작했다.>

　안녕하세요. 작가 안제이라고 해요. 저의 소개를 시작할게요. 전 맨날 졸립니다. 네. 맨날 자요. 걸핏하면 금방 잠들 수도 있어요. 그리고 음.. 좋아하는 건 말차! 말차입니다. 아주 말차만 보면 환장을 해요. 그냥 아예 말차가 되고 싶을 정도예요. 가끔 혼자 빵터지는데 멈추질 못해서 애들이 무섭다고 하더라구요. 헷. 괴롭히는 애들을 사약으로 쫓아내기도 하지만 친구들 기억엔 말차로 남고 싶어요.

심재형 <곤충 이야기>

　나는 올해 운산초로 전학을 왔다. 운산초에서 곤충을 잡는 걸 좋아한다. 게다가 한자 6급을 땄고, 태권도 1품, 2품까지 땄다.

신지우 <친구가 필요한 순간>

　안녕하세요! 저는 작가 신지우입니다. 전 별명이 많습니다. 바로 찌우, 지구, 지우개, 우지신 이렇게 있는데 지우개로 많이 말합니다. 좋아하는 활동은 체육, 미술 시간입니다. 그리고 전 쌍둥이입니다. 누구냐면 신승우 작가입니다. 그럼 제 소개는 끝입니다.

우당탕탕 운산맛집 대소동

송아현

우리 학교에서 급식실은 '운산맛집'이다. 우리 전교생, 교무실 선생님, 교장 선생님, 교감 선생님도 다 같이 밥을 먹는 곳이다. '운산'은 우리 초등학교 이름이고, '맛집'은 매일매일 밥이 맛있어서 맛집. 합쳐서 '운.산.맛.집.'이다. 우리 반 친구들은 밥 먹으러 학교에 온다. 물론 나도 마찬가지다.

"운산초 밥은 너~무 맛있어!"

4교시가 끝나기 전! 친구들 눈빛이 말똥말똥했다. 지한이가 수업이 끝나자마자 양팔을 뒤로 쭉 펼치고 운산

맛집을 향해 달려갔다.
"아~배고파!"
선생님과 친구들이 하나 둘 오고 줄을 서기 시작했다. 로하가 뿌듯하다는 듯 크게 외쳤다.
"오늘은 내가 일등 쑤우!!!"
"아~까비 나 이등!!!"
"난 삼등!"

그때 현태가 아니라며 소리쳤다.
"아니거든! 내가 일등이거든!"
'씩씩'

하라와 내가 그 모습을 보며 말했다.
"아휴, 쟤네는 또 저런다~"
"그러게. 대체 왜 저러는 걸까?"
"글쎄~"

잠시 후 …….
영양 선생님께서 다급한 목소리로 말씀하셨다.

"어서 들어와 3학년!"

"안 돼요. 아직 다 안 왔어요!"

우리는 다 순서가 있어서 아무나 먼저 들어가면 안 된다.

"야! 1번 누구야?"

"하라."

"구하라~ 일로 와!"

"오키!"

"이제 2번 차례야~!"

"잠깐만 기다려줘~"

"어디 가는데~?"

"화장실 좀! 미안!"

"아휴~ 그래. 어서 갔다 와!"

…

"마지막은? 상현!"

상현이를 마지막으로 12명 모두 겨우겨우 급식실에 들어갔다.

내 앞에 있던 지한이가 잔치국수를 받는 차례였다.

"더 더! 더 주세요~ 네? 네?"

지한이가 발을 동동 구르며 영양 선생님께 부탁했다.

"안 돼~ 다 먹고 와."

"네? 제발요~"

지한이가 식판을 배식대에 내려놓고 다리와 손을 흔들면서 말했다. 영양 선생님께서 말씀하셨다.

"지한! 그만하고 다 먹고 다시 와!!"

영양 선생님 분노 게이지가 점점 높아졌다.

지한이는 어쩔 수 없이 자리로 갔다. 그런데 지한이가 자리에 앉자마자 입꼬리가 쑤우욱~ 올라갔다. 지한이는 신날 때 닭(?)처럼 손을 파닥거리며 흔든다.

'잔치국수를 먹을 생각에 신이 나나?'

지한이는 우리 학교 잔치국수를 제일 좋아한단다. 급식을 더 못 받아 실망했다가 앉자마자 신난 지한이를 보며 생각했다.

어. 이. 없. 음. (←지한이가 늘 하는 말)

도훈이가 말했다.

"야~ 천천히 먹어라. 그렇게 맛있냐? 으이구~"

하라도 말했다.

"그래~ 천천히 먹어 ㅋㅋ"

그때 그 모습을 보고 제이가 갑자기 막 웃었다. 제이는 가끔씩 혼자 크게 웃는다. 제이만의 웃음 기준이 있다.

"에핵핵핵 흐흐흐흐 핵캑캑 으핵!!! 핵캑칵!!!!!!!!!"

제이가 배를 잡으며 뒤로 살짝 젖혔다. 한번 웃으면 아주 크고 길게 웃는 제이가 무서워서 우리가 급하게 말렸다.

"제이야, 안 돼!!!"

"안 돼, 제이야. 웃지 마, 웃지 마!!!"

제이는 웃음을 겨우 멈췄다. 휴우~ 다행이다. 어쨌든 지한이는 순식간에 급식을 다 먹었다.

"지한아! 지금이야, 잔치국수 더 받을 수 있어. 빨리 가봐!"

지우가 말했다. 지한이가 늘 맛있는 반찬을 더 받을 수 있는 건 지우가 옆에서 도와주기 때문이다. 예를 들면 누군가 지한이가 좋아하는 반찬 더 받기에 성공하면 지우가 바로 지한이에게 말해준다. 타이밍을 재주는 것이다.

지한이는 배식대로 빨리 달려가서 잔치국수, 닭봉, 김치를 다시 리필했다. (※잔치국수가 나오는 날은 국이 안 나옴)
"다시 리필 완료!"

지한이는 선생님보다 더 많이 먹을 때가 있다. 차차쌤한테 말했더니 조용히 엄지를 올렸다. 지한이도 인정한다. 지한이는 통통한 이미지가 좋은가보다.

언제 지한이가 말했다.
"나 지한이라고 부르지마~ 돼지라고 불러!!!"
또 언제는 도훈이가 지한이에게 물어봤다.
"너 살 언제 뺄 거야?"

지한이가 말했다.

"나 뺄 생각 없었는데? 난 이대로가 좋아"

"그래~ 아직 다이어트하긴 쫌 일러~"

도훈이가 고개를 끄덕이며 말했다. 나는 지한이가 살찌는 것을 좋아할 줄 몰랐다. 다른 사람들은 거의 살이 찌는 걸 싫어하니까.

지한이 반찬 리필(?)을 도와주는 지우
혹시나 혼날까 그만 먹으라고 말려주는(?) 도훈
으하학 학학!!!! 혼자 크~게 웃는(?) 제이
우리의 급식 시간은 언제나 우당탕탕이다.

급식에 고등어 무조림이 나왔을 때 일이다. 나는 편식을 거의 안 하는데 거기 들어있는 무를 정~~~~~말 싫어하고 안 먹는다. 씁쓸한 맛이 나고 너무 물컹물컹해서 싫어한다. (우웩~!) 오늘도 나는 무는 쏙 빼고 고등어만 받아왔다.

그때 지한이가 무조림을 맛있게 먹고 있는 모습을 보

았다. 나는 미간을 찡그리며 지한이에게 물어봤다.
"지한아, 무가 그렇게 맛있어?"
"응! 엄청 맛있지! 일단은 밥에 고등어 한점을 올려. 그다음에 양념을 얹고 무를 조금 올려서 먹으면 진짜 꿀맛이야!!!"
나도 모르게 지한이 말을 듣고 침을 꼴깍 삼켰다.
"너도 빨리 받아 와서 먹어봐!!"
"응. 알겠어!"

'얼른 먹어봐야지~'

나는 식판을 들고 벌떡 일어나 배식대로 헐레벌떡 갔다.
"저도 무 주세요~"
나는 무를 받아 다시 자리로 가서 입에 넣었다.

와, 엄청 맛있었다! 맛은 그냥 무인데 양념 맛이 난다. 일단 첫맛은 달달한 맛? 이랄까? 지한이 말대로 먹어보았더니 진짜 꿀조합이었다.

'그런데 이런 건 누가 알려 주는 거야? ㅋㅋ'
너무 너무 너무 너무 너무무무!!! 맛있었다. 지한이가 그날 일을 어머니께 말씀드렸는데 칭찬을 받았다고 한다.

지한이가 내 편식을 고쳐준 건가?
나는 지금도 고등어 무조림이 나오면 영양 선생님께 말한다.

"선생님, 무도 꼭!!! 주세요."

운산 숲의 비밀 (1)

조현태

여름 방학 바로 전날,
비는 오지 않는데 어둑어둑한 날이었다. 방학식이 끝났다. 노란색 에듀버스가 운산초등학교 입구로 들어왔다.
"야~ 버스 왔다! 빨리 가자!"

우리는 버스를 탔다. 오늘따라 기사님이 모자를 눌러써서 눈빛 밖에 안 보였다.
"야, 근데 기사님 눈빛이 이상하지 않아?"
내가 고개를 갸웃거리며 수상한 표정으로 말했다.

"그러고 보니 그렇네."
"아, 몰라. 그냥 게임이나 하자."

기사님의 수상한 표정은 금방 잊고 우리는 게임에 빠졌다. 게임을 하다 보니 금방 도착할 시간이 됐다. 우리는 게임 이야기를 이어가며 버스에서 내렸다. 그런데 버스에서 한 발을 내리니 원래 보이던 집은 안 보이고 숲이 보였다.

"여기, 우리 집이 아닌데……?"
"현태야! 우리 지금 산속에 있어!!!"
상현이가 다급하게 말했다.

버스가 출발하는 모습을 보고 우리가 뒤쫓아갔다.
"버스 기사님!!! 아…… 안 돼……!!"
버스가 너무 빨라서 금세 포기하고 말았다.

주변을 돌아보니 온통 나무뿐이었다. 그리고 모르는 친구 2명이 더 있었다. 한 명은 한 손에 과자봉지를 쥐고 있었고, 다른 한 명은 그사이에 곤충을 잡고 있었다.

"야, 근데 게임을 해서 핸드폰 배터리가 없어. 5%밖에 안 남았잖아!"
나는 게임을 하지 말 걸 후회가 되었다.

"그러니까 빨리 119에 전화해 봐!!"
상현이가 절박하게 소리쳤다.

"산속이라서 전화가 안 돼…… 망했어…….."
나는 화가 났다.
"아이씨! 급한데 와이파이도 안 터져."

날이 점점 어두워졌다. 우리는 너무 추워서 몸이 덜덜 떨렸다. 따뜻하게 있을 공간이 필요했다.

"이러다가 우리 다 얼어죽겠어!!!!"
"어? 근데 저기 검은색 비닐봉지 보여? 저게 뭐지?"
내가 눈을 찡그리며 저 멀리 손가락을 가리켰다.

"어, 어디??"
"검은색 비닐봉지! 저기 있잖아."
"그러네? 봉지 안에 뭐가 있는 거 같아."
"검은색 비닐봉지 쪽으로 가자."

그때 이름 모르는 한 친구가 찡찡거리며 말했다.
"싫어~어! 무서워……."
"그러면 우리는 간다."
"그게 더 싫어! 같이 갈게."

우리는 한발 한발 내딛기 시작했다. 검은 봉지를 열었더니 '없어띠앗'이라는 글자가 보였다.

"이거 없어 띠앗이 쓰던 거야."
"뭐가 없다고?"
"띠앗 이름이 '없어띠앗'이야."
"빨리 열어 봐."
"알겠어."
상현이가 긴장된 목소리로 말했다. 다들 무척 긴장되

는 눈빛이었다.

"와아아"

감격해서 말이 안 나왔다.

"야 텐트야! 그리고 도끼까지 있어!"

우리는 텐트와 도끼를 보고 땅바닥에서 안 자도 된다는 생각에 안심했다.

"이거 작년에 들살이할 때 쓰던 거잖아."

"어후, 추웠는데 다행이다."

상현이는 텐트가 왜 여기 있는지 더 궁금해했다.

"그러면 여기에 왜 있어?"

"그때 방충망이 조금 찢어져서 버린다고 했었어."

"그, 그래."

"일단 추우니까 텐트부터 치자."

나는 조마조마했다. 텐트를 치다 고정대가 1개라도 부러지면 안 된다고 생각했다. 겨우 텐트를 다 치고 한숨을 돌렸다.

"휴…… 다행히 안 부러졌어."
땀방울이 한 방울씩 바닥으로 떨어졌다.

"완성했어! 이제 텐트 안에 들어가자"
"아, 이거 치는 데 엄청 힘들었다. 그치?"
"인정."

우리는 텐트 안에 들어가서 넷이 속닥속닥 떠들었다.
"그러고 보니 아직 이름도 모르네. 다들 이름이 뭐야?"
"나는 상현."
"나는 현태."
"나는 지한."
"나는 승우."

우리는 속닥속닥 얘기를 하다가 곯아떨어졌다. 중간에 이상한 우~우 소리에 눈이 떠졌다. 친구들도 하나둘 깨어났다. 무서움에 잠이 다 달아났다.

"얘, 얘들아! 이상한 소리 안 들려?"
동물을 잘 아는 승우가 말했다.
"아마 부엉이일 거야."
"졸리니까 자자~"
"그래."
네 명이 다시 곯아떨어졌다.

다음 편에 계속…….

운산 숲의 비밀 (1)

운산 숲의 비밀 (2)

함상현

아침이 왔다. 내가 힘이 쭉— 빠져서 말했다.
"얘들아, 벌써 우리 2일 차야."
현태가 벌떡 일어나며 소리쳤다.
"엥? 우리 3일 차 아니었어? 시간이 왜 이렇게 느린 거야!!"

그때였다.
'우르르 쾅쾅'

"얘들아. 방금 천둥 치지 않았어?"

"그거 내 배꼽시계 알람 소리야. 진짜 너~무 배고프다. 뭐 먹을 거 있나?"

지한이 배에서 요란한 소리가 계속 났다.

"음…… 아, 맞다! 지한아, 네가 어제 엄마랑 귤 나눠 먹는다고 가방에 넣어 놓지 않았어?"

"아! 그렇네! 그럼 일단 이거라도 먹자."

"그래!"

"얌냠냠……."

"오옷! 이것은 엄청난 맛이야!"

현태 눈이 번쩍 뜨이며 감탄했다.

"지한아, 더 없어?"

"응ㅠㅠ 더 없는데?"

"아…… 배고파……."

우리는 귤 하나를 순식간에 먹어 치웠다. 지한이 살은 쪽 빠졌고, 친구들은 잡초가 가득한 바닥에 털썩 주저앉았다.

"얘들아! 우리 이러고만 있을 수는 없어!"

내가 겨우 자리에서 일어나 소리쳤다. 그리고 이어서 말했다.

"우리 모닥불을 피워보자! 우리 1학년 들살이 때 모닥불 피워서 마시멜로우 구워 먹었던 거 기억나? 불 피워서 꿩이라도 구워 먹자. 소문으로 요즘 운산 숲에 꿩이 많이 나타난대!!"

내가 흥분해서 현태 어깨를 마구 흔들었다.

우리는 모닥불을 피우기 위해 작전을 짜기 시작했다.
"모닥불 피우기 대작전 시작!!!"
"얘들아, 우리 일단 역할을 정해보자. 현태는 버려진 도끼로 나무를 캐서 모아주고, 우리는 대나무를 꺾어서 물을 모으자"
"그래!"
"근데? 어떻게 물을 모아?"
승우가 궁금한 표정으로 말했다.
"썩은 대나무 말고 오래된 대나무의 딱딱한 부분 아래를 도끼로 쳐주면 돼."

나는 승우에게 차근차근 설명했다.

"알겠어! 일단 해보자."

"응!"

친구들은 각자 위치로 가서 재료를 준비해 왔고, 나무를 쌓아 모닥불을 피웠다.

"자~ 이제 꿩을 잡을 도구를 만들어 볼까?"

승우가 침을 뚝뚝 흘리면서 말했다.

"근데 꿩을 어떻게 잡지?"

"얘들아! 우리 2학년 때 만들었던 대나무 활이랑 화살 기억나지? 우리 그걸 만들어 보자"

나는 발표할 때처럼 아주 또박또박하게 말했다.

"그래!"

"음…… 근데 대나무는 어디 있지?"

"어…… 저기 있다! 내가 저기서 따올게!"

현태가 대나무 앞으로 쏜살같이 달려갔다.

"그동안 우리는 만들 준비를 하자."

"어…… 근데 얘들아, 우리 고무줄이 없어!"
"어…… 어떡하지?"

바로 그때! 현태가 대나무를 수북하게 쌓아서 왔다.
"얘들아, 뭐가 그렇게 심각한 거야?"
"어…… 현태야 우리 고무줄이 없어!"
친구들이 시무룩해졌다.
"얘들아, 걱정할 필요 없어!"
"왜?"
"고무줄은 내 가방에 있지롱~ 내가 너네한테 고무줄 마술을 보여 주려고 늘 가지고 다녔지~"
"오? 현태 굿!"
친구들이 현태한테 따봉을 했다.

"그럼 이제 만들어 볼까나?"
나는 준비가 다 된 채로 소리쳤다. 이렇게 대나무 화살과 활 만들기가 시작되었다. 친구들은 고무줄을 끼우고 화살촉을 뾰족하게 만들고 몇 번의 실패를 반복해서 대나무활과 화살을 만들었다.

"와! 다 만들었다!"
친구들이 만세를 하며 껑충껑충 뛰었다.

"이제 꿩사냥을 시작해 볼까?"
내가 활 쏘는 시늉을 하며 사냥을 시작하자는 눈빛을 보냈다.
"어? 저기 어떤 큰 새가 있어."
승우가 눈을 찌푸리고 숲속 깊숙한 곳을 가리켰다.
"어? 저거 꿩이네!"
지한이 표정이 밝아졌다.
"얘들아, 나한테 대나무 활이랑 화살 좀 줘봐."
"응!"

"하나, 둘, 셋!"

'피융!'

'탁'

"와! 명중이다!"
내가 명중을 했다.

친구들이 꿩사냥을 다했을 때 하늘은 어두워졌다.
"어? 얘들아! 벌써 하늘이 어두워졌어!"
"우리 빨리 꿩을 굽자!"
"그래!"
친구들은 모닥불로 달려가 꿩을 다 구웠다.

바로 그때였다.
"얘들아! 저기 헬리콥터가 있어!"
"어……? 아! 저거 강릉 가뭄 때문에 물 뜨러 가는 헬리콥터잖아!"

강릉은 지금 심한 가뭄이 있다. 그거 때문에 소방차와 헬리콥터가 맨날 물을 뜨러 간다.

"얘들아! 우리 헬리콥터한테 신호를 보내자!"
승우가 잔뜩 기대한 채로 말했다.

"그래!"
"근데 어떻게 신호를 보내지?"
내 눈이 안경원숭이처럼 동그래졌다.

"우리 손전등으로 신호를 보내자!"
승우가 텐트로 가서 가방을 뒤졌다.
"손전등이다!"
승우가 가방에서 손전등을 꺼냈다.
"이제 신호를 보내자!"
"응!"

'딸깍 딸깍'

헬리콥터가 신호를 보고 내려왔다.
"오! 헬리콥터가 내려왔어!"
"헬리콥터를 빨리 타자"
내가 너무 흥분해서 말했다.

윙 -

친구들이 어깨동무를 하며 서로를 껴안았다.
"와! 구조됐다!"
"죽다 살아났어!!"
"진짜 다행이야. 빨리 엄마랑 만나서 치킨 먹어야겠어……."

다음날,

"얘들아, 우리 운산 숲에서 2일간 사라졌었어!"
"어? 너네 학교에 계속 왔잖아!"
"엥? 무슨 소리야!"

운산 숲에는 우리만 아는 비밀이 있다. 우리가 숲속에서 조난을 당해서 2일간 살아남은 거다. 버스 기사님이 우리를 왜 그곳에 내려주셨는지는 아직도 미스테리로 남았다.

이 사건 이후로 우리의 우정은 더 단단해졌다.

사랑은 계속된다

신승우

난 제이를 좋아했다. 1학년 때부터 좋아했다. 2학년 때 고백했다.
"나 너 좋아해."

언제는 절교를 했다.
"우리 이제 절교하자."

절교는 말도 안 하고 친하지도 않은 사이다. 속상했다.

3학년 1학기가 됐다.

난 신난당에 갔다. 지우랑 하라가 있는 걸 보았다. 지우랑 하라가 말했다.

"너 어떻게 여기 왔어?"

"너네 소리를 듣고 온 거인데?"

지우가 말했다.

"제이랑 로하랑 사궐랑 말랑하고 니보다 로하를 좋아하는 것 같아."

마음이 심각했다.

'이 둘을 떨어트려야 할 것 같은데…….'

제이랑 로하를 불러서 해결해야겠다는 마음이 생겼다. 지우랑 하라는 로하를 불러왔다. 그치만 로하는 축구를 해야 한다고 오지 않았다. 우선 제이한테 물어보고 해결해야겠다는 생각이 들었다.

제이를 부르려고 급식소로 갔다. 그 찰나, 제이가 점심을 다 먹고 가고 있었다.

"제이야, 신난당에서 우리 얘기 좀 하자."
"응, 좋아."
제이가 좀 어색한 얼굴로 갔다.

"자, 회의를 시작하겠습니다."
아참, 미희쌤도 거기에 와계셨다. 나는 제이에게 이렇게 말했다.
"니…… 로하 좋아해?"
"아니. 나 안 좋아하는데."
나는 속마음으로 생각했다.
'이미 사귀고 있는 것 아니겠지?'
나는 제이한테 당당하게 말했다.
"제이야 니 진짜 로하 좋아하는 것 같아. 그러니까 니 속마음을 얘기해줘."
"아니, 난 로하랑 짝꿍이어서 친하게 지낸 거야. 네 마음이 이럴 줄 몰랐어. 미안"

마음이 안심되었다.
"아니, 괜찮아."

방과후가 끝나고 나랑 제이 지우가 놀이터에 갔다. 나는 이번에는 진짜로 고백을 해야겠다고 마음을 먹었다.

나는 고백 연습을 엄청 많이 해왔었다. 그래서 용감하고 당당하게 말했다.
"제이야! 나랑 사귀어죠!"
"응, 좋아."
내가 귀여워서 사귀어준 것 같다. 나는 신이 나서 미끄럼틀 아래에서 외쳤다.
"드디어! 내! 여친이! 생겼다~~!!"

나는 제이랑 친해졌다.
"제이야, 니 초콜릿 좋아하지? 그래서 내가 초콜릿을 준비했어. 겉부터 안까지 점점 더 달달해지는 초콜릿이래. 이거 줄라고 내 거 안 먹고 너 주는 거야. 자~ 먹어."
"나 초콜릿 좋아하는 거 어떻게 알았어? 맛있다! 처음 먹어봐."

그리고 나는 음악을 하러 갈 때 제이를 기다린다. 사실 음악 시간은 선생님이 조금 까칠해서 싫어한다. 그래도 제이랑 옆자리에 앉아서 좋다.

"승우야~ 기다려줘."

"알겠어."

"악보가 쏟아졌어."

"내가 도와줄게. 같이 하자!"

나는 제이가 떨어트린 악보를 쌓아주었다.

"오! 쉬는 시간 끝났어! 빨리 뛰어가자!"

우리는 거친 숨을 내면서 달려갔다.

며칠 뒤, 고민이 하나 생겼다. 제이가 요즘 나를 신경 안 써주고 싫어하는 것 같다. 예전에는 놀이터에서 내가 놀자고 할 때 밝은 미소로 "어! 그래!"라고 했는데 지금은 반대다. 제이가 뭔가 어두운 표정으로 "어…… 그래……."라고 말한다. 난 이때 알았다.

'날 싫어하는 건가?'

나는 제이를 내 편으로 들어오게 하는 작전을 세웠다.

먼저 말차사탕을 주었다. 제이랑 같이 있을 때 제이가 말차를 좋아하는 것을 알았다. 한번은 에듀버스에 탔을 때 제이가 말했다.

"난 말차가 되고 싶어~"

제이가 말차사탕을 받고 진짜 좋아했다.

"와! 말차다!! 나 말차 좋아하는 거 어떻게 알았어?"

"버스에서 너가 말차가 되고 싶다고 했었잖아. 그때 알았어."

난 제이가 기뻐하는 모습을 보고 귀여웠다. 이때 마음속으로 생각했다. 제이를 많이 신경 써주고 더 친해져야겠다.

나는 제이랑 헤어지지 않을 거다.

나와 제이의 사랑은 계속된다.

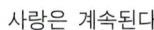

구름사다리와 친구들

구하라

- 월요일

'어! 친구들이다!'

학교에 도착했다. 학교 버스에 내려서 바로 놀이터로 갔다. 친구들과 인사를 나누고, 바로 구름사다리를 했다. 구름사다리는 운산초 놀이터에서 우리가 가장 좋아하는 곳이다.

'조, 조금만 더…… 한 칸만 더 가면 되는데…….'

그때 도훈이가 이상한 이야기를 했다.

"므응시으이브아아보오ㅋㅋ 몽실이 바보ㅋㅋ"

"야! 김도훈! 이상한 이야기 하지 말라고오~~!"
결국 나는 구름사다리에서 떨어졌다.
"야, 김도훈~!"
"미. 안."
어, 어쨌든 우린 이렇게 논다. 쉬는 시간마다 구름사다리를 하고 논다. 가끔 이상한 이야기를 하면 열 받을 때도 있다. 그리고 구름사다리를 오래 하면 굳은살이 생겨 아프기도 하다. 하지만 구름사다리를 포기할 수는 없다.

방과후를 마치고 친구들과 미끄럼틀을 탔다.
"하나, 둘, 셋, 출발~~~"
"앗-! 아야앗!"
지우가 다리를 붙잡고 말했다.
"지, 지우야! 괜찮아?!?!"
지우가 괜찮다고 말했다. 그러나 나는 마음이 놓이지 않았다. 지우가 너무 아플까 봐 걱정이 됐다. 지우는 아현이와 먼저 버스를 타고 갔다. 그리고 나는 다음 버스를 기다리며 도훈이와 제이랑 신나게 구름사다리를 했다. 그치만 내심 기분이 좋지는 않았다.

놀다 보니 버스가 도착했다.

'카톡!'

'어? 뭐지?'

지우가 보낸 카톡이었다.

'뭐, 골절?!'

지우는 어머님과 함께 병원 갔다고 했다. 심하게 다친 건 아닐 줄 알았는데, 골절이라니……. 내일 지우의 모습을 상상하며 잠에 들었다.

- 화요일

일찍 일어나 학교 갈 준비를 했다. 우리 엄마랑, 동생과 서둘러 밖으로 나왔다.

"하라 언니, 왜 이렇게 빨리 가! 뭔 일 있어?"

동생이 헥헥거리며 말했다.

"그, 그런 게 있어."

사실은 지우를 얼른 만나고 싶어서다. 하지만 서둘러 나와도 지우를 빨리 만날 수 있는 것은 아니다. 그냥 막 몸이 빨리 움직였다. 버스에 타서 얼른 학교에 도착하길 계속 기다렸다.

어느새 아현이가 버스에 탔다.
"으…… 진짜 지우 어떡해……."
아현이도 카톡을 봤는지 힘없는 목소리로 말했다. 나는 아현이와 지우가 아파하는 모습을 인형으로 따라했다. 몽실이 인형과, 토리 인형으로. 아현이 인형은 토리, 내 인형은 몽실이다. 그리고 버스가 학교에 도착했다. 우린 학교에 도착하자마자 헐레벌떡 뛰어갔다.

'타닥타다닷'
아현이와 난 동시에 뒤를 돌았다.
"어? 지우야! 너 목발 짚었어~?!"
나와 아현이는 말하는 걸 짠 것처럼 동시에 말했다. 제이, 도훈이도 우리를 봤는지 뛰어왔다.
"목발 짚었네에~~?!?!"
도훈이가 장난치는 것처럼 말했다. 제이도 깜짝 놀란 것 같았다.
"야~ 김도훈. 친구가 다쳤는데 장난치는 것처럼 말

하면 어떡해!"

제이가 도훈이에게 말했다.

"아, 오늘은 구름사다리 하지 말자……."

나는 힘없는 목소리로 말했다. 친구들도 그러자는 듯 고개를 끄덕였다. 지우가 아픈데 우리만 즐겁게 놀 수는 없으니까……. 지우가 빨리 나으면 좋겠다.

- 수요일

드디어 우리 반 반모임을 하는 날이다. '반모임'은 한 달에 한 번씩 반마다 하는 모임이다. 하지만 모임은 부모님들과 선생님끼리만 하는 것. 우린 신나게 뛰어논다. 해가 완전히 지기 전에 밖에 가서 구름사다리를 하러 갔다.

'으아아앗!!'

비가 와서 워터파크처럼 물이 가득 고여 있었다.

"얘들아…… 이거 맞아……?"

도훈이가 말했다. 다들 놀란 듯했다. 나도 좀 놀랐다. 학교에서 이런 일은 처음이었기 때문이다. 다행히 오늘

장화를 신고 와서 마음 편하게 놀 수 있었다. 우린 놀이터가 수영장이라고 생각하고 구름사다리에서 다이빙을 했다. 도훈이는 아예 온몸을 물에 담궜다.
"마, 망했다!!! 여벌 옷이 없어."
다른 친구들도 여벌 옷이 없는 듯했다. 결국, 우린 물에 흠뻑 젖은 옷을 입고 집까지 가야 했다.

남은 시간 동안 우린 학교 휴게실에서 시간을 보내며 놀았다.
"삼각김반~ 이제 집에 가야지~"
차차쌤이 반모임이 끝난 걸 알리러 오셨다. 차차쌤이 물에 젖은 우릴 보고 좀 당황하신 것 같았다. 우린 뒷일은 생각하지 않고 논다. 내일도 구름사다리에 물이 고여 있으면 좋을 것 같다.

- 목요일

나는 목요일을 진짜 좋아한다. 왜냐하면 방과후가 체육이라서 좋다. 누군가 오늘 방과후 체육에서 축구를 한다고 말하는 걸 들었다. 난 축구를 좋아하는데 잘 됐다.

그런데 웬일?! 기대하던 축구는 없었다. 갑자기 셔틀런을 한다고 했다. 셔틀런은 체육관 전체를 157번까지 왔다 갔다 하는 것이다. 나는 온 힘을 다해서 뛰었다. 중간에 친구의 발에 걸려 넘어졌다. 많이 아팠지만 꾹 참고 다시 일어나 뛰었다. 157개를 모두 성공했다! 하지만 너무 너무 힘들었다. 이런, 그런데 오늘은 방과후가 끝나고 똑똑 수학까지 해야 한다.

"얘들아! 교실로 가~ 똑똑이 해야 되잖아. 아! 하라야, 나 오늘 먼저 간다고 차차쌤한테 좀 얘기해줘~!"

아현이가 나한테 부탁을 하고 밖으로 나갔다. 나는 대답을 한 뒤 친구들과 교실로 뛰어갔다. 그런데 쌤이 동화 쓰기를 하고 싶으면 해도 된다고 하셨다. 역시 차차쌤이다! 2학년 때 글쓰기가 싫고 완전 질색이었지만 3학년이 되니 좋아졌다. 좀 쓰고 시간이 좀 남아서 혼자 구름사다리를 했다. 나도 모르게 계속 구름사다리를 하다 보니 버스가 먼저 갔다. 몇 분 후 뒤늦게 이 사실을 알아챘다.

'아, 망했다……. 버스 놓쳤는데 어쩌지? 엄마한테 말

해야 하나……?'

나는 엄마에게 전화를 걸었다. 엄마가 학교에 오신다고 하셨다. 주변에 아무도 없어서 친구들이 버스를 타고 갔는지도 몰랐다. 구름사다리 때문에 이런 일이 일어나다니……. 앞으로 구름사다리는 적당히 해야겠다.

- 금요일

오늘도 버스에서 내리자마자 바로 구름사다리를 하러 갔다. 웬일로 친구들이 구름사다리를 안 하고 있었다. 제이는 구름사다리 옆 산수유나무에서 산수유를 따고 있었다. 구름사다리를 잘하는 도훈이도 교실에서 책을 읽고 있었다. 지우는 아직 학교에 오지 않았고, 나와 아현이는 구름사다리를 했다.

"아현아, 구름사다리에 사람이 좀 없는 거 같아. 제이, 도훈이도…….."

"어?! 그러고 보니 그렇네."

아현이도 내 말을 동의했다. 그때 갑자기 뒤에서 지우가 뛰어왔다.

"안제이! 구름사다리 안 하고 뭐 해?"

"아~ 산수유 따서 뭐 만들려고, 왜?"

"아~ 그냥 물어본 거야."

"야! 애들아, 도훈이는 아마 마법천자문 책 읽고 있을 것 같아!"

아현이가 확신하는 듯 말했다. 나와 친구들은 계단을 올라 교실에 올라갔다. 신기하게 딱 그러고 있었다. 도훈이는 좀 추워서 안에서 책 읽고 있었다고 했다. 왜 구름사다리를 안 하나 했더니, 이런 이유 때문이었구나. 이렇게 생각하니 나중엔 다들 구름사다리를 할지 의문이다.

점심시간이 되었다.

"얘들아! 우리 밥 먹고 구름사다리 하자. 응?"

구름사다리를 좋아하는 아현이가 물어봤다. 제이는 지우와 산수유를 딴다고, 도훈이는 도서관에서 책 읽는다고 했다. 아현이는 시무룩한 표정으로 날 바라봤다.

"하라야, 너는? 구름사다리 하면 안 돼?"

아현이가 간절하게 날 바라보며 물어보았다.

"음…… 아, 알겠어!"

나는 얼떨결에 구름사다리를 하자고 말했다. 사실은

그림을 그리고 싶었지만 아현이가 너무 하고 싶어 보여서 하자고 한 것이다. 그림은 나중에도 그릴 수 있지만 구름사다리는 학교에서만 할 수 있기 때문이다.

아현이가 말했다.
"얘들, 아니, 하라야. 친구들이 이젠 구름사다리를 많이 하지 않을 거 같아. 난 구름사다리가 좋은데……."
"어? 나도 그 생각했었어. 오늘 아침에도 그랬잖아……."
나와 아현이는 구름사다리에 걸터앉아서 이야기를 나눴다. 도란도란 이야기를 나누다 보니 쉬는 시간이 끝나는 종이 울렸다.
"아현아, 종 울렸으니까 얼른 교실로 들어가자!"
"그래!!"
나와 아현이는 교실로 올라갔다. 교실엔 지우와 제이, 그리고 도훈이가 있었다.

지우와 제이가 말했다.
"헤헥, 힘들다…… 아! 하라야, 나 이제 구름사다리 안 하고 싶어. 너무 힘들단 말이야. 대신 나랑 반에서 수다 떨자. 응?"
 지우와 제이가 나에게 말을 걸었다. 지우, 제이가 그런 말을 할 줄은 상상도 못했는데……. 이제 구름사다리를 하지 않기로 결정했나 보다. 좀 생각해 본다고 얘기했다. 도훈이는 이젠 구름사다리를 안 하고 책만 본다. 구름사다리를 하는 사람이 확 사라졌다.

 '진짜 이제는 아무도 구름사다리를 하지 않을까……?'
 난 이렇게 구름사다리를 끝내기엔 좀 아쉬웠다. 시무룩한 표정으로 칼림바 방과후를 했다.

 "어, 1호차 버스다! 얘들아~ 안녕! 다음 주에 보자!"
 나는 친구들에게 인사를 했다. 지우가 씩 웃음을 지으며 지나갔다. 무슨 의미일까 생각하던 그때, 카톡이 울렸다.
 "하라~ 속았지? 나 사실 구름사다리 계~~속! 할 거야! 주말 잘 지내!"
 지우가 나에게 서프라이즈 메시지를 보냈다. 완전 속

앉다. 나와 2호차 버스를 타는 제이도 이 사실을 알고 있었는지 내가 속았다고 웃음을 터트렸다.

"으학켁퀵!! 헥큭!!!!! 크큭 학하학!! 흐핳하!!!"

역시 제이는 웃음소리가 남다르다. 아현이도 연기를 한 것 같다. 도훈이도 알았던 것 같다. 날 위해 이런 서프라이즈를 할지는⋯⋯ 휴⋯⋯.

그래도 다행이다. 구름사다리를 못 할 줄 알았는데 다시 할 수 있게 되어 다행이다. 다음 주 월요일, 우리는 구름사다리를 계속하기로 했다. 언제나 매일 함께하기로!

"얘들아. 이 약속, 꼭 지켜야 해! 약속~~!"

"으응! 약속 꼭 지킬게!"

우린 비가 와도 눈이 와도 날씨가 좋든 안 좋든⋯⋯. 함께 구름사다리를 하기로 약속했다.

구름사다리와 친구들

빨간 지붕 빈집

김지한

 어둑어둑해지고 차가 하나둘 들어오고 있다. 반모임 날이다. 반모임은 부모님이 모이는 거고 한 달에 한 번 한다. 우리 공부 얘기를 하는 것 같은데 정확히는 잘 모르겠다. 우리는 그날이 쉬는 시간 같아서 제일 좋아한다.

 교실에 부모님들이 오고 자리가 조금씩 찼다. 우리의 놀 곳도 사라지고 있다. 상현이가 크게 소리치면서 말했다.
 "우리 산책 갈까?"

"그래! 우리 밭에서 수세미 보고 오자."

상현이가 먼저 앞장서서 갔다. 그 뒤로 우리 반 친구들이 한 줄로 줄지어 따라갔다. 나는 걱정됐다.
'너무 깜깜해, 뭔가 튀어나올 것 같아.'

우리 학교 산책길에는 빨간 지붕 빈집이 있다. 낡고 귀신이 튀어나올 것 같은 곳이다. 소문으로는 옛날에 어떤 할머니가 살고 있던 집인데 지금은 안 계신다. 어디로 가셨는지 모르겠다. 빨간 지붕을 지나칠 때였다.

상현이가 사라졌다.
"상현이가 사라졌어!!"
내가 깜짝 놀라서 소리쳤다.

그때 땅에서 손 같은 게 나와서 친구들을 잡고 땅속으로 들어갔다. 너무 빨라서 자세히 보지도 못했다. 친구들이 하나둘 사라졌다. 그 모습을 본 도훈, 지우, 준서, 내가 남았다.

우리는 주변을 두리번거리며 친구들이 사라진 구덩이를 찾았다. 거대한 손 모양 구덩이에서 지우마저 사라졌다. 그때 회오리가 돌면서 준서 도훈이와 나도 구덩이에 빠졌다. 소리를 지를 새도 없이 아주 빨리 떨어졌다. 지우가 떨어지고, 그 위로 준서, 도훈, 내가 떨어졌다.

"악!!!!"

지우가 소리쳤다.

시간이 지나고 눈을 떠보니 가죽옷을 입은 사람들이 지나가고 있었다. 그런데 그 사이에 교장 선생님처럼 생긴 사람이 있었다.

"어? 교장 선생님이다! 선생님!!"

"선생님, 여기가 어디예요?"

내가 용기를 내어 교장 선생님한테 말했다. 그런데 교장 선생님이 우리를 힐끗 보고 그냥 지나가 버렸다.

그때 도훈이가 말했다.

"야 여기 구석기 시대 같아!! 뭔가 이상해. 다들 가죽

옷을 입고 있고 우리 말을 못 알아듣잖아. 학교는 안 보이고 돌덩이만 쌓여있어!"

"뭐라고~?!"

우리가 당황해서 말했다.

앞에는 돌덩이와 울창한 숲뿐이었다.

"우리 이렇게 있을 게 아니지!"

"그래, 이럴 때가 아니잖아! 구덩이부터 찾자."

우리가 떨어졌던 구덩이를 열심히 찾았지만 똑같이 생긴 구덩이가 너무 많았다. 잘못 가면 또 이상한 곳으로 떨어질 것 같았다. 해가 질 때까지 구덩이를 찾아보니 아무것도 안 보이는 깜깜한 밤이 되었다.

그때 살아남기 시리즈 중에서 <산에서 살아남기>를 읽은 기억이 났다.

"얘들아, 오늘은 나무 위에서 자는 게 어때? 내가 '산에서 살아남기' 만화책을 봤었는데 거기서도 그렇게 잤어. 아, 역시 만화책을 읽기 잘했어."

내가 자랑스럽게 말했다.

우리는 책에 나온 것처럼 나무 위에서 자기로 했다. 새벽이 왔다. 자다가 무서워서 깼더니 배가 고팠다. 나는 배를 움켜잡았다.

"일단 사냥해서 배를 채우자!"

배가 고파진 우리는 본격적으로 무기를 만들었다.

평소 준비물을 철저하게 준비하는 준서의 가방에는 손전등, 건전지, 연필, 지우개, 연필깎이용 칼이 들어있었다. 우선 연필깎이용 칼로 창을 만들었다. 우리는 배를 채우려고 산으로 깊이 들어갔다.

그때 지우가 대나무 군락을 발견했다.

"대나무 군락을 발견했어!"

우리는 대나무 덫을 만들었다. 그리고 목을 축이려고 오래된 대나무를 찾았다. 대나무 마디 아래쪽을 동그라미로 잘라서 물을 마셨다.

"아~ 시원하다."

준서가 물을 벌컥벌컥 마셨다.

다음 날,

나무 위에서 자고 일어났는데 무슨 소리가 났다.

'꾸에에에엑'

내가 번쩍 일어나서 소리쳤다.

"코 곤 사람 누구야?"

그런데 아무도 대답을 하지 않았다. 그때 도훈이가 부시시 일어나며 말했다.

"혹시 멧돼지 잡힌 거 아니야?"

내가 덫 쪽으로 달려갔다. 멧돼지가 덫에 누워있었다.

"멧돼지가 잡혀있어!!!"

나는 진짜로 잡혀있을 줄은 몰랐는데 멧돼지가 있어서 깜짝 놀랐다. 친구들이 벌떡 일어났다.

"뭐? 멧돼지가 잡혔다고~?!"

친구들이 나무 위에서 내려와 덫 쪽으로 뛰어갔다.

그 순간 반짝거리는 구덩이를 발견했다.

"우리 여기 뛰어 들어갈까?"

"들어가면 위험할 것 같은데…….."

"에잇, 몰라! 그냥 떨어져 보자!!"

하나,

둘,

셋!

우리는 손을 잡고 구덩이로 뛰어들었다. 눈 깜짝할 사이에 빨간 지붕 문 앞에 떨어졌다. 얼른 학교를 보았는데 반에 불이 켜져 있었다. 우리는 반으로 뛰어갔다.
"괜찮은 건가?"
"불은 켜져 있는데?"
우리는 교실로 들어갔다. 나를 본 엄마가 갸우뚱하며 말했다.
"왜 이렇게 빨리 왔어?"
"아, 다행이다……."
너무 안심이 되었다.

처음 본 학교

박준서

내 이름은 박준서. 여름 방학 때 제주도에서 강릉으로 이사를 왔다. 이 이야기는 강릉에 이사를 오고 나서 처음 본 운산초등학교에서 겪은 이야기다.

전학 온 첫날, 나는 택시를 타고 학교로 갔다. 그런데 계속 숲속으로 깊게 들어가는 것이다.
"어? 왜 숲속으로 들어가지?! 잘못 온 거 아니야?"
나는 깜짝 놀라서 말했다. 택시 기사님도 창밖을 보며 말씀하셨다.

"이런 곳에 학교가 있다니……."

엄마가 숲 체험이 있다고는 했지만 진짜로 숲속에 있는 줄은 몰랐다.

학교에 들어와 운동장을 지나왔다. 계단을 올라가니 이름 모르는 친구 두 명이 있었다. 남자와 여자 학생이었는데 둘이 외모가 엄청 비슷했다. 내가 그쪽으로 가니까 남자 학생이 말을 걸었다.

"안녕! 너 혹시 전학생이야?"

내가 대답했다.

"응 맞아."

남자 학생이 말했다.

"너 혹시 몇 학년이야?"

3학년이라고 대답하자 남자학생과 여자학생이 기뻐했다.

"야호!!"

"나도 3학년이야!! 넌 이름이 뭐야?"

"난 박준서야."

"박서준?"

처음 본 학교

"박. 준. 서. 야."
"아, 박준서~ 맞지?"
"응. 너희는 이름이 뭐야?"
남자 학생이 먼저 말했다.
"내 이름은 신승우야."
이번엔 여자 학생이 말했다.
"내 이름은 신지우야."
"아~"

둘이서 말을 거는데 정신이 하나도 없었다. 승우가 말했다가 지우가 말했다가 둘이서 동시에 얘기할 때도 있었다. 그리고 승우가 말했다.
"우리 학교 구경 시켜줄게."
먼저 승우는 신발장으로 갔다.
"먼저 실내화로 갈아 신어."
"응. 그런데 나 실내화가 없어."
"그러면 신발 벗고 이쪽으로 와. 아, 아니면 거기 있어!"
"응. 알았어."

나는 두 친구를 따라갔다.

"여기 실내화 대신 이걸로 신어. 손님용이야."

"응 알았어!"

나는 손님용 실내화로 갈아신었다.

"그럼 이제 교실로 들어가자."

"응 알았어!"

우리는 교실로 흥겹게 걸어갔다. 그리고 교실 문을 열고 들어갔다. 처음엔 아무도 없다가 한 5분쯤 흘렀을 때 교실 문이 드르륵 열렸다. 그리고 한 친구가 들어왔다. 승우가 말했다.

"어? 도훈이 왔다! 도훈아, 너 소개 좀 해줘"

"알았어. 안녕? 난 김도훈이야. 우리 반에서 유일하게 안경을 썼어. 넌 이름이 뭐야?"

"난 박준서야"

"응 그래!"

그때 또 문이 열렸다. 그리고 승우가 말했다.

"어? 제이다! 준서야, 내가 비밀 얘기해 줄게. 웃지

마, 알았지?"

"응. 그런데 나 알 것 같아. 너희 둘이 사귀지?"

"어? 어떻게 알았어?!"

"그냥 그럴 것 같았어~"

승우가 깜짝 놀랐다.

"오! 너 천재구나!"

"아니야 나 천재 아니야! 난 그저 학생이야!"

"나도야!"

"그런데 선생님은?"

선생님이 언제 오는지 궁금해졌다.

"아직 안 오셨어."

그때 선생님이 문을 열고 들어오셨다. 호랑이도 제 말 하면 온다더니 그게 진짜인가 보다. 이번엔 선생님이 말씀하셨다.

"어? 전학생이 왔네~ 혹시 이름이 뭐니?"

"전 박준서예요."

"아~그렇구나, 그럼 지우랑 승우가 학교를 구경 시켜 줘"

지우랑 승우가 동시에 대답했다.
"네~"
"준서야 가자!"
"응, 그래."

승우는 내 손을 꼭 잡고 계단을 내려갔다.
"먼저 화장실은 이쪽이고 급식실은 저쪽이고 또……."
난 승우가 엄~청 많이 돌아다니고 설명을 많이 해서 모든 곳을 알게 되었다. 그리고 다시 교실로 들어갔다. 나는 자리에 앉고 챙겨온 준비물을 꺼냈다.

몇 시간이 흘렀을까? 벌써 하교할 시간이 됐다. 나는 에듀버스를 타고 집으로 갔다. 버스에서 내리고 생각했다.
'내일도 재미있는 학교생활을 할 거다!'

학교에 간 지 17일쯤 됐을 때다. '다모임'이라는 활동이 기다리고 있었다. 2교시가 끝나고 늘솔마당으로 갔다. (늘솔마당은 체육관이다) 다모임은 3, 4교시 동안 한다. 나는 너무 궁금해서 다모임을 시작하기 전에 친구들한테 물어봤다.

"다모임이 뭐야?"

"다모임은 학생들의 의견을 얘기하는 거야. 선생님들은 말을 하지 않아. 6학년이 질문을 들어주고 진행해"

"아~그렇구나."

'전 학교에서는 다모임이라는 활동을 안 했는데. 정말 알면 알수록 신기한 학교네……..'

오늘 다모임 시간에는 3학년이 급식 순서를 바꾸자고 했는데 6학년이 안 된다고 했다. 다모임이 끝나고 우리 반은 아주 불만족한 표정이었다. 먹는 걸 좋아하는 지한이가 말했다.

"아니! 왜? 도대체 왜! 급식 순서를 3년 동안 기다리라니!!"

그런데 지한이뿐만이 아니라 우리 반 중 절반이 그렇게 말했다. 이번엔 이현이가 말했다.

"안 되겠어. 6학년한테 말해야겠어! 어떻게 해야 할까? 음~ 먼저 말로 해보고 안 되면 편지로 해보자! 차차쌤, 우리 3, 4교시 동안 이걸로 수업해요!"
이번엔 상현이와 친구들이 말했다.
"옳소!"

3교시 쉬는 시간에 6학년 교실로 찾아갔다.
"왜, 급식 순서를 왜 못 바꿔?"
"우리도 1학년부터 6년 동안 기다려왔어. 너희도 기다려야 해."

몇 분 후,
친구들이 슬픈 표정으로 돌아왔다.
"으…… 6학년들은 말싸움을 너무 잘해 ㅠㅠ"

이번엔 편지를 4교시 동안 썼다. 그리고 6학년 교실 앞에 편지를 놔두고 왔다. 5교시가 됐을 때 6학년 4띠앗 누나가 편지를 줬다.
"우와~ 편지다! 답장이 왔어!!"
"내가 읽어줄게. 잘 들어봐."
차차쌤이 편지를 또박또박 읽어줬다.

<3학년 후배들에게>

안녕하세요. 편지 읽고 답장 보냅니다. 저희가 클린식판 캠페인을 모르는 사람들을 위해 설명을 꼼꼼히 했던 건데 그게 조금 억울했을 것 같아요. 학년이 바뀔수록 순서가 바뀌기 때문에 안건으로 안 냈는데 존중하지 않았다고 느꼈을 수 있을 것 같아요. 억울한 점이 있으면 언제든지 6학년에게 알려주세요. 여러분의 의견도 존중할게요. 감.사.합.니.다.

-모여라 어벤져스 6학년들-

그렇게 친구들의 불만이 풀리고 급식 순서에 대한 이야기는 끝났다.

'다음 다모임 주제는 뭘까? 우선 다음 다모임 땐 내 자리를 잘 찾아가야지.'

처음 본 운산초등학교는 정말 신기하다. 도시와 다르게 숲속 깊숙이 있다. 그리고 친구들은 나까지 포함해서 12명이 다~ 활발하다. 또 전 학교에 없었던 다모임, 동아리, 반모임을 한다.

학교에 얼른 적응해야겠다. 그래서 친구들이랑 더 많이 놀고 즐겁게 학교생활을 할 거다.

화해시키기 대작전

김도훈

2교시가 끝나기 1분 전,

친구들의 다리가 책상 밖으로 튀어나왔다. 쉬는 시간이 되자 우다다다 놀이터로 달려갔다. 상현이는 뛰다가 바닥에 미끄러졌다. 엉덩방아를 찧는 걸 보고 다른 친구들이 웃었다.

"푸하하하!!! 너 뭐해?"

현태와 승우가 그 앞을 지나 놀이터로 갔다. 놀다가 5분쯤 지났을 때, 승우가 말했다.

"원피스 놀이 할 사람, 여기 여기 붙어라! 10, 9, 8, 7, 6, 5, 4, 3, 2, 1."

카운트다운이 끝나기 전에 아이들은 승우의 손을 잡았다. 상현, 도훈, 승우, 현태가 놀이에 참석했다. 원피스 놀이란 승우가 방금 지은 놀이다. 각자 캐릭터를 정하고 노는 거다. 어떤 능력이 있는 사람이나 괴물, 물건 등이 캐릭터가 될 수 있다. 즐겁게 놀던 중, 나와 상현이는 슬슬 힘들어서 놀이를 그만뒀다.

"나 이제 그만할래."

"나도 그만할래."

놀이터에 현태와 승우만 남았다.

'예전에 싸운 기억이 있는 아이들이긴 하지만, 그래도 재밌는 놀이니까 잘 놀겠지?'

나는 교실에서 고민했다.

'쉬는 시간도 얼마 안 남았는데 데려다줄까? 아니면 그냥 둘까?'

'아, 어떻게 하지? 역시 싸울 것 같아. 그래! 늦기 전에 그냥 데리러 가자.'

나는 놀이터로 온 힘을 다해 달려갔다. 급한 마음에 실내화까지 안 갈아신고 달렸다. 그러나 나의 예상과는 많이 달랐다. 놀이터에 현태와 승우는 없었다. 스피커에서 시끄럽게 울려 퍼지는 종소리만이 나를 반겨줬다.
"으아아아아아아아!!!"
나는 심장이 빨리 뛰어서 멎어버릴 정도로 달렸다. 교실로 돌아가는 것이 이렇게 힘들었나?

다행히 수업 시간에 늦지 않고 도착했다. 근데 분위기가 영 이상하다. 원래 우리 반은 시끌벅적한데 지금은 다 조용하다.
"왜 그래?"
"아, 그게……."
나는 뭔지 궁금해서 빨리 알려달라고 재촉했다.
"상현이 말로는 둘이서 놀이할 때 자기가 할 캐릭터 정하다가 싸웠다던데?"
현태와 승우가 각자의 자리에서 씩씩거리며 말했다.
"야, 뭘 봐!"
"어쩌라고!!"

매일 들으면 귀가 터질듯한 소리다. 그래도 뭐, 일주일에 한 번씩 들으니 이제 좀 익숙하다.

"조용!!"

차차쌤이 소리쳤다. 차차쌤 덕분에 반이 조용해졌다. 그 침묵을 깬 건 아현이다.

"쌤, 우리 3교시는 현태랑 승우 화해하는 걸로 하면 안 돼요?"

"되겠냐?"

상현이가 말했다. 내 생각도 안 될 것 같았다.

"음, 그래! 아현이 말대로 하자! 수업보다 화해가 더 중요하니까."

"예스!"

"아싸~!"

이 상황에서도 다들 기뻐한다. 현태와 승우만 빼면.

"이제 회의를 시작하겠습니다. 의장 신지우, 서기 함상현."

"의견 있습니다. 아현아, 3교시 수학하기 싫어서 이거 하자고 한 거 아니야?"

"아, 아니거든!!!"

아현이가 당황한 목소리로 말했다.

"자, 이제부터는 현태와 승우 화해에 대한 것만 얘기하세요."

지우가 조금 화난 목소리로 말했다.

"현태와 승우가 급식 시간에 같이 앉아요."
"현태와 승우가 손잡게 해요."
"현태와 승우가 짝꿍 되게 해요."

여러 의견이 많이 나왔지만 그다지 괜찮은 의견은 없었다. 그때, 내 머리에 전구가 탁! 켜진 것 같았다. 내가 친구들에게 속삭였다.

"우리가 점심시간에 현태와 승우를 신난당으로 오라고 하는 거야. 그다음에 화장실 간다고 해서 현태와 승우만 있게 해서 화해하게 하자."

"오, 좋다."
"좋은데?"
"그렇게 하자."

이 의견은 안 좋은 점이 없었다. 회의가 일찍 끝나서 수학을 하게 된 것만 빼면.

점심시간이 됐다. 그 작전을 하기 위해 우리는 밥도 조금 먹었다. 삼각김밥 친구들이 신난당으로 달려갔다.
"다 모였지? 그럼 이제 역할을 짜자. 상현이가 지한이랑 망을 보고, 도훈이랑 로하, 재형이가 현태와 승우랑 놀다가 화장실 가서 기다려."
"그럼 아현이랑 저랑 하라랑 제이는요?"
지우가 궁금한 말투로 말했다.
"음……. 너희는 교실에 있어도 되겠다."
"예스!!!!"
"부럽다."
"자, 그럼 나랑 여자애들은 간다."
"네……."
잠시 후 현태와 승우가 왔다.
"왔어? 그럼 같이 놀자."
작전대로 잘되고 있다. 이제 화장실 가기만 하면 된다.
"나 화장실 갈게."

"나도 화장실"

모두가 화장실로 사라졌다.

신난당에는 현태와 승우만 남았다. 이제 둘이서 화해만 하면 된다. 둘이서 어색한 분위기가 이어졌다.

"현태야, 미안해."

"뭐?"

"미안하다고 내가 계속 강하다고 고집부렸잖아."

"응, 받아줄게…… 그리고 나도 미안해. 너한테 계속 약하다고 했으니까."

"그래, 우리 화해하자."

"그래."

그때 우리가 불쑥 튀어나왔다.

"다 화해했어?"

"뭐? 그게 무슨 말이야?"

현태가 무슨 말인지 모르겠다는 말투로 말했다.

"화해 잘했냐고, 사실은 우리가 다 짠 거였거든."

"화장실 간 것도?"

"응!"

내가 당연하지 않냐는 말투로 말했다.

"그. 랬. 구. 나."

현태와 승우가 많이 화나고 부끄러운 것 같았다. 둘 다 볼이 빨개진 상태로 억지로 웃고 있었다.

"그럼 이제 교실로 가자, 얘들아."

"그래!"

교실에 있던 차차쌤과 아이들이 말했다.

"다 끝난 거지?"

"네~ 아, 아니요!!"

우리는 마치 짠 듯이 다 같이 말했다.

"저희 쉬는 시간은 돌려줘요!!!"

물귀신이 되었다!

김로하

　강릉은 지금 가뭄에 시달리고 있다. 비가 몇 달 동안 안 내렸다. 오봉저수지에 물이 15% 정도밖에 없었다. 비가 올 확률이 0.000000001%밖에 없는 것 같았다.
　'아! 비가 왜 이렇게 안 오는데!!'
　학교에 500ml 생수가 아주 많이 배달왔다. 우리는 하루에 2개씩 생수를 가져갔다. 물을 제대로 못 쓰니 하루하루가 힘들었다. 강릉의 분위기가 어두워진 것 같았다.

　그러던 어느 날!
　강릉에 비가 폭포수처럼 내렸다.

쏴아아아아아아아 –
"와! 비가 내린다!!"
5학년 형이 말했다.

점심시간, 밥을 다 먹고 교실로 가는 길이었다. 다들 기뻐서 비를 보면서 점프를 뛰었다.
"에라이, 모르겠다!!!"
그때 갑자기 재형이가 빗속으로 뛰어 들어갔다. 잠시 망설이다가 결심했다.
'나도 들어가야겠다!'
도훈이가 빗속으로 뛰어 들어갔고 그다음 내가 들어갔다.
"야! 우리도 재네들 따라서 들어가자~!"
5학년, 2학년, 1학년 친구들이 따라 들어왔다.

지붕 끝에서 빗방울이 후두둑후두둑 떨어졌다. 우리는 그곳을 통

로처럼 왔다 갔다 했다. 우산도 안 쓰고 놀았다. 발을 보니 실내화랑 양말이 푹 젖어있었다.

"얘들아, 와 봐!"

도훈이가 실내화를 비 안 맞는 곳에 벗어두었다. 나랑 재형이도 실내화를 벗었다. 기분이 이상하고 신기했다.

물웅덩이가 수영장이 되었다. 도훈이랑 나랑 재형이가 풍덩 들어가서 발로 첨벙첨벙거렸다. 그다음 물웅덩이에 엎드려서 데구루루 굴렀다.

1학년 권일한 선생님이 래온이와 함께 두 팔을 벌리고 비를 맞았다. 나랑 도훈, 재형이도 같이 따라 했다. 점심시간이 끝날 때까지 아주 많은 놀이를 했다. 옷은 푹 젖었고 양말은 축축했다.

"아, 힘들어!!!"

나는 너무 지쳤었는데 더 놀고 싶어서 온 힘을 다해 놀았다. 상현이가 신난당에서 더 놀자고 했다. 그런데 나는 에너지가 0%로 바닥나서 이제 교실로 가고 싶었다.

"난 이제 그만둘래."

그때 갑자기 점심시간이 끝나는 종소리가 들렸다.
"수수수수퍼노바~"
'종소리가 이렇게 반가울 줄이야!!'
교실로 올라가는 계단이 산처럼 느껴졌다.
"꽥"
"로하야! 정신 차려."
재형이가 나를 흔들어서 깨웠다. 다시 기운을 차리고 계단을 겨우겨우 올라 교실로 갔다. 상현이가 우리 모습을 보고 말했다.
"물귀신이다!"
다른 애들도 우리를 보러왔다.
"이야! 물귀신이네!"
"와! 많이 젖었네."

청소 시간이 되었다. 옷에서 떨어진 물이 교실 바닥에 뚝뚝 떨어졌고 발자국이 여기저기 남았다.
"우리 발자국이니 우리가 닦자!"
교실에서 청소를 하고 있는데 차차쌤이 말했다.
"얘들아, 신난당에 가봐. 너희 발자국이 가득 있어!"

"설마요……."

차차쌤 말대로 신난당에 가봤다.

'그렇게 많진 않겠지…….'

신난당에 발자국이 아주 아주 아주 많이 찍혀있었다.

"뭐야? 왜 이렇게 많아?"

나랑 도훈이랑 재형이는 걸레를 가지고 발자국을 닦았다. 그런데 지워도 지워도 발자국이 자꾸 생겨났다.

"왜 자꾸 발자국이 생기지?"

"나도 몰라."

"우리 실내화가 아직 젖어있잖아!!!"

"놀 땐 좋았는데……."

겨우 청소를 마치고 숲 방과후를 하러 갔다. 오늘은 운산 늘솔길로 산책을 갔다. 옷이 다 젖어서 너무 찝찝했다. 산책을 갔다 온 그때였다.

"로하야~"

우리 아빠의 목소리가 들려왔다. 우리 아빠가 옷을 가지고 온 것이다.

'아빠가 어떻게 알았지? 모르겠다. 드디어 찝찝함에서

탈출~'

새 옷을 갈아입고 왔다.

'아직도 물기가 남아있네'

숲 방과후가 끝나고 교실로 갔다. 냉장고 위에 드라이기가 놓여 있었다.

'차차쌤이 놓았나 보다!'

드라이기로 도훈이를 말려주었다. 내 양말도 말릴 겸 도훈이도 말려주었다.

집으로 가는 2호차 에듀버스 종소리가 울렸다.

"웰컴 투 더 쇼! 워어어어"

"야 도훈아, 튀어!!"

에듀버스가 출발하려고 했다.

"안 돼! 안 돼! 안 돼! 안 돼!!!"

"선생님!! 잠깐만요!!"

난 겨우겨우 버스에 탔다.

"헥헥"

"도훈아!! 같이 앉자."

"그래."

"오늘 물귀신 된 거 진짜 재밌었지!!"

"응 찐으로 재밌었어."

"도훈 바이~"

"로하 내일 봐~"

난 그날 축축하고 재미난 하루를 보냈다.

근데, 왜 이렇게 피곤하지?

- 에필로그

"엄마 저 힘들어요. 오늘 쉬면 안 돼요?"

"핑계 대지 말고 빨리 시민 축구단부터 가!!!"

"엄마 나빠……."

3학년부터 사랑을 시작했다

안제이

2년 전,

"방과후 끝나고 놀이터로 와줘"
승우가 나를 불렀다.
"알겠어"
'음? 뭐지?'

방과후가 끝나고 승우와 약속한 시간이 되었다. 난 놀이터로 뛰어갔다. 승우가 날 보고 망설이다가 말했다.

"나 너 좋아해"

"뭐?"

"좋아한다고!"

'아, 좀 그런데…….'

승우와 나는 취향이 무척 다르다. 승우는 벌레를 좋아하고 나는 벌레를 진짜 싫어한다. 난 거절을 하기로 마음먹었다.
"싫어"
"응…… 알겠어……."
웃고 있던 승우가 무표정이 되었다.

2년 뒤,
3학년 4월 어느 날
승우가 또다시 고백을 했다.
"좋아해. 나랑 사귀자"

방과후가 끝나고 나는 승우에게 답했다.
"그래, 사귀자."
요즘은 승우가 내 취향도 잘 맞춰주고 나를 잘 챙겨준다. 대화도 꽤 통하는 것 같다.

3일 후, 우리는 3일 기념파티를 하기로 했다. 여자 친구들도 교실에 모였다. 여자 친구들은 말을 잘하는 아현이, 그림을 잘 그리는 하라, 사교성이 좋은 지우가 있다. 아현이는 결혼 행진곡을 피아노로 쳤고, 지우가 진행을 했다.
"두 사람의 3일 파티를 시작하겠습니다!"
지우가 또랑또랑한 목소리로 3일 파티 시작을 열었다.

승우와 나는 교실 가운데로 걸어가서 안아 주었다. 기분이 이상했다.

그날 나는 이상한 꿈을 꾸었다.

"제.... 이.... 야....."

승우가 교실보다 큰 몸집이 되어 아주 느리게 나를 불렀다.

"뭐야? 승우가 커졌어?"

"으아아악!"

나는 큰 승우에게서 도망쳤다. 뛰어가다가 발이 걸려 넘어지는 순간 꿈에서 깨어났다.

'아휴, 빨리 학교나 가야겠다.'

"제이야!!"

승우가 즐거운 얼굴로 나를 불렀다.

"어! 승우야 있잖아, 내가 오늘 이런 꿈을 꿨어!"

승우에게 오늘 밤 꾼 꿈을 설명해 주었다.

"진짜?"

"나 있잖아. 매년 생일마다 누군가가 커지는 꿈을 꿔. 그런데 이번에는 너가 나온 거야……."

앗! 그때 종이 울렸다.

"이제 교실로 돌아가자 승우야."

"응!"

나는 왠지 기분이 좋아서 콧노래를 불렀다. 내가 콧노래를 부른 이유는…….

점심시간이 되었다. 친구들과 이야기하며 밥을 먹었다. 나는 입에 과일을 물고 자리를 떴다. 밖으로 나오니 지우가 기다리고 있었다.
"제이야! 같이 놀이터에서 놀자~"
나도 교실에 들렀다가 놀이터에서 놀려고 했는데 마침 잘 됐다. 신발을 갈아신고 지우와 놀이터에서 신나게 놀았다.

어느덧 쉬는 시간이 10분 남았다. 나는 이제 교실로 돌아가려 했는데 지우가 좀 더 놀자고 했다. 아직 10분 남았으니 더 놀기로 했다.
'평소라면 그냥 보내줄 텐데……?'
뭔가 수상하다고 생각하던 중 지우가 작은 목소리로 말했다.
"제이야, 있잖아…… 그, 오늘 친구들이 편지 주고 선물 줄 거야."

"지우야! 그거 말하면 어떡해!"

남자아이들과 놀고 있던 승우가 깜짝 놀라 말했다.

'수상해, 수상해……. 뭔가 숨기고 있나? 에잇, 모르겠다! 그냥 놀자!!'

그때 지우가 손을 흔들며 불렀다.

"우리 이제 교실로 가자."

"응!"

지우와 함께 교실로 천천히 걸어갔다.

"얘들아~ 우리 왔어~"

"어!? 뭐라고!?"

친구들이 엄청 허둥지둥거렸다.

"아직 준비 안 끝났는데……. 제이야! 좀만 이따 와!!"

'역시 생일파티구나?'

친구들이 검정색 천으로 내 눈을 가렸다.

"이제 들어와!"

2분쯤 지났을까? 친구들이 나를 불렀다. 나는 천~천히 교실로 들어갔는데 누군지 모르겠는 친구 둘이 내

양손을 잡아주었다.

"제이야~ 생일 축하해!!"

친구들이 '해피버스데이'라고 쓰여있는 자리로 안내했다.

'케이크다! 맛있겠다.'

자리에 앉으니 친구들이 선물을 주었다. 어? 그런데 이렇게 많이? 내가 선물들에 파묻힐 것 같았다. 나는 승우가 준 수달 인형이 제일 마음에 들었다. 초코마쉬멜로우같이 생겨서 귀엽다. 그날 난 선물에 파묻혀서 집에 갔다. 승우와 친구들이 준 선물이 너무~ 많았다.

다음 날

금요일이다. 오늘 방과후는 칼림바다. 다시 말해 내가 제일 좋아하는 방과후. 왜냐면 그날은 간식이 나오기 때문! 승우가 가끔 간식을 먹다 애교를 부리는데 나는 그 모습이 처음엔 귀엽기만 했지만, 애교가 너무 많아지니까 좀 싫어졌다.

"마아앙 음므므므음"

"음…… 아핳하 ㅎ 아, 승우야 애교는 쫌…….."

간식을 다 먹고 방과후가 시작되었다. 승우는 칼림바 연주가 잘되지 않는다며 성질을 부렸다. 좀 속상하고 짜증이 났다.

"나도 가르쳐 주는데 자꾸 성질부리면 속상해. 너무 성질부리지 마!"

"알았어, 제이야. 이제 성질 안 부릴게"

"승우야, 연주해 봐. 내가 도와줄게!"

"고마워! 제이야!"

주말이 지나고 월요일이 왔다. 버스에서 내려서 평소처럼 구름사다리를 하고 있는데 저~기 멀리서 승우가 뛰어오고 있는 모습이 보였다.

"제이야~~!"

"어! 승우다!"

우리는 평소처럼 소소한 대화를 나누며 즐거운 학교생활을 이어갔다.

이게 사랑인가? 아닌가? 어쨌든 3학년부터 사랑을 시작했다.

곤충 이야기

심재형

"아~ 곤충 찾으러 가야지~"
"룰루랄라라"
나는 어김없이 오늘도 곤충을 찾으러 갔다.
"오늘은 나무를 뒤져봐야지."
나는 닭장에서 나무를 힘껏 들어보았다.
"윽, 왜 안 들어지지?"

그때였다.
갑자기 승우가 걸어왔다. 우리는 같이 나무를 들었다.

"승우야, 고마워."
승우가 운동장으로 돌아갔다.

그다음 땅을 팠는데 애사슴벌레, 왕사슴벌레, 장수하늘소가 있었다. 또 나무에는 흰반점꽃무지, 톱사슴벌레, 다우니아사슴벌레가 있었다. 나는 행복했다. 나는 방금 찾았던 곤충들을 남김없이 싹 다
교실로 가져왔다.
"학교에서 키워야지~"

우선 큰 채집통을 챙겨왔다.
그다음 숲에서 나무와 흙을 가
져와서 넣었다. 나무는 사슴벌레가 번식할 때 꼭 필요하다. 그리고 애사슴벌레, 왕사슴벌레, 장수하늘소, 흰반점꽃무지, 톱사슴벌레, 다우니아사슴벌레를 모두 넣었다.

승우가 놀라서 말했다.
"재형아, 이거 어디서 잡았어?"
"닭장에서 잡아 왔어."

"우와~ 신기하다. 이걸 20분 안에 다 잡았어?"
"당연하지! 내가 곤충 잡을 땐 좀 빨라."

친구들이 곤충을 보고 신기해했다.
"야~ 얘 이름이 뭐야?"
"얘 이름은 흰반점꽃무지야~ 등딱지에 초록빛이 나는 게 꽃무지의 특징이야."
"그럼 이건 어떻게 키워?"
"뭐 그냥 흙, 나무, 젤리만 있으면 돼. 통에다가 흙을 담고 나무를 적당히 자른 뒤 나무를 넣어. 그리고 중요한 게 젤리야. 젤리가 없으면 곤충들은 먹을 게 없어서 죽을 수도 있어."

친구들이 다른 곤충들도 궁금해했다.
"와! 이 곤충 이름은 뭐야?"
"얘 이름은 왕사슴벌레야!"
"뭐가 수컷이고 뭐가 암컷이야?"
"수컷은 턱이 길고 암컷은 턱이 짧아."

다음 날 아침,

뭔가 좀 불안했다. 버스에서 내리자마자 교실로 달려갔다. 채집통 뚜껑을 살짝 열어봤는데 왕사슴벌레가 사라졌다. 나는 속상했다. 1학년부터 6학년까지 만나는 사람에게 물어봤다.

"얘들아, 내가 키우고 있는 사슴벌레 본 적 있어?"
"어디서 많이 본 것 같은데……?"
"나도 본 적 있어!"
우리는 쉬는 시간 동안 왕사슴벌레를 찾았다.

그런데 한참을 찾아봐도 아예 안 보였다. 그때 좋은 생각이 떠올랐다.
"우리 가방을 찾아보자. 다 찾아봤는데 없었잖아."
교실로 돌아와서 친구들 가방을 하나씩 찾아보았다.

바로 그때였다.
"야, 여기 뭐가 있어!"
"이거 우리가 찾는 왕사슴벌레 아니야?"
지한이 가방에서 왕사슴벌레가 젤리를 먹고 있었다.

근데 자세히 보니까 왕사슴벌레가 다리를 다쳤다. 그래서 왕사슴벌레에게 테이프로 새 다리를 만들어주었다.

왠지 왕사슴벌레가 불쌍하다는 생각이 들었다. 채집통 안에 흙은 자연 흙도 아니고, 짝짓기도 못 하고, 채집통은 너무 작다. 우리는 왕사슴벌레를 자연으로 보내주었다.

다음 날,
TV에서 뉴스가 나왔다.

<속보입니다. 오늘은 장수하늘소를 알아볼 겁니다. 장수하늘소는요, 멸종위기종으로 뽑혔습니다. 장수하늘소가 많이 죽고 있어서 멸종위기종이 되었습니다.>

뉴스를 보고 생각했다.
'이젠 키우지 말아야지…….'

그래서 쉬는 시간에 장수하늘소와 다른 곤충들을 텃밭

옆에 있는 산으로 풀어주었다. 나는 곤충들이 다 날아갈 때까지 텃밭에서 기다렸다.

"잘 가."

친구가 필요한 순간

신지우

"얘들아! 우리 놀이터에서 놀자."
"좋아!"
"우리 뭐 하고 놀지?"
"미끄럼틀에서 놀자."

운산초등학교에는 놀이터가 하나 있다. 우리는 주로 쉬는 시간마다 놀이터로 모인다. 시소, 구름사다리, 미끄럼틀이 있다. 그네는 없다.

하나

둘
셋
출발~

미끄럼틀 위에서 아래로 슈웅 슈웅 내려갔다. 그때였다.
"아! 내 다리!!"
미끄럼틀을 내려오면서 다리를 삐었다. 소리를 들은 친구들이 뛰어와서 나의 양손을 잡아줬다.
"지우야, 괜찮아? 우리가 일으켜줄게."
"고마워……."
날 일으켜준 친구들이 고마웠다. 친구들이 내 손을 잡아주어서 에듀버스 앞으로 걸어갈 수 있었다.

버스에 탔는데 발등이 너무 아팠다. 엄마한테 전화를 했다.
"엄마, 놀이터에서 놀다 다리를 삐었는데 너무 아파. 병원에 가야 할 것 같아."
"그걸 왜 지금 말해~!"

나는 엄마와 고래병원에 도착했다.

"우선 x-ray부터 찍어봅시다."

난 무서웠지만 도전했다. 그냥 누워있으니 크고 동그란 기계가 내 발을 찍었다. 신기했다.

검사가 끝나고 의사 선생님 방으로 갔다.

"골절이 의심되네요. 우선 깁스를 하고 몇 주 동안 지켜봅시다."

나는 깁스를 하고 목발을 처음 잡아보았다. 첫걸음을 걸었는데 넘어질 뻔했다. 그런데 목발을 왔다 갔다 하는 게 너무 재밌었다. 걱정은 서서히 없어지고 기뻐졌다.

차에 타려고 했는데 발이 안 들어갔다. 그래서 발을 대각선으로 넣어봤는데 쏙 들어갔다.

"나이스!!"

차가 출발했다. 우리 차는 할머니 집으로 갔다. 잠시 후, 할머니 집에 들어갔다. 할머니가 내 발을 보고 걱정하며 말하셨다.

"지우야 어쩌다가 그랬어~ 빨리 나아야지~ 우리 가

족에서 깁스를 한 사람은 네가 처음이야."

다음 날,
목발을 짚고 학교에 갔다.

"어떡해! 아현아, 우리 지우 잡아주자."
"좋아! 빨리 가자!
"지우야~ 가만히 있어! 우리가 갈게."
내 모습을 보자마자 친구들은 나를 향해 달려왔다.
"지우야 천천히 가~"
하라가 나의 목발을 잡아주며 얘기했다.
"알겠어"
난 너무 고마웠다.
'친구가 없었으면 난 어땠을까?'

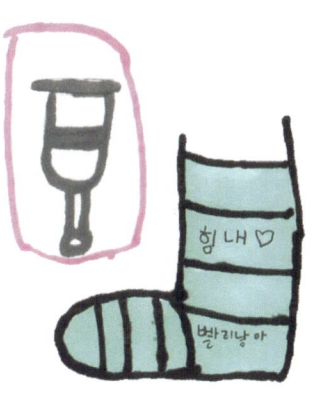

1교시 산책 시간이었다. 오늘은 텃밭을 가서 수세미가 얼마나 자랐는지 보기로 했다. 다른 친구들은 빠르게 텃

밭으로 뛰어갔다. 나는 운동장을 가로질러 갔다.
"얘들아, 지우랑 같이 가자!"
"어, 그럼 우리 의자도 챙기자!"
"지우야! 거의 다 왔어!"
"맞아, 힘내!"
"고마워."
다행히 친구들이 의자를 갖다줘서 앉을 수 있었다.

그때 갑자기 소나기가 한 방울 두 방울씩 내렸다.
"어, 뭐지? 뭐가 떨어졌어!"
"맞아 나도! 이거 비 오는 거 아니야?"
"히히 난 모자 있지~"
"좋겠다……."

한 방울씩 내리던 비가 폭포수처럼 막 내렸다. 친구들은 나무가 있는 곳으로 뛰어갔다. 차차쌤이 아쉬운 표정으로 말했다.
"얘들아, 반으로 가야겠다. 비가 너무 많이 내려! 반으로 가자~"

"네!"

내 머릿속은 생각으로 가득 찼다.
'목발을 짚고 한 발로 가다가 넘어지면 어떡하지?'
'친구들이 다 먼저 가면 어쩌지?'
'내리막길에서 내려가다 구르면 어쩌지?'

그때 제이가 말했다.
"지우야, 의자 들어줄게. 나랑 같이 가자!"
제이가 의자를 들어주고, 옆에 있던 도훈이는 내 손을 잡아 일으켜줬다. 내리막길을 한 걸음씩 걸어갔다. 제이와 도훈이가 날 도와줘서 너무 고마웠다. 나는 교실에 잘 도착했다.

2주가 지났다.
점심시간이 되고 나는 발을 한 번 더 찍어보러 먼저 병원으로 가야 했다. 병원으로 갔는데 의사 선생님이 내 발을 보며 말했다.
"오호 이거 물리치료 하면 괜찮을 것 같은데…… 우

선 물리치료부터 하고 오시죠."

물리치료를 받고 다시 의사 선생님을 만나러 방으로 갔다.

"자, 물리치료하고 오셨죠? 이제 그럼 평소처럼 다녀도 됩니다."

"선생님 감사합니다"

난 이제 평화롭게 학교생활을 할 수 있게 됐다.

다음날 학교!

난 누구보다 당당하게 교실로 달려갔다. 계단을 지나고 친구들이 나에게 왔다. 친구들이 기뻐했다.

"어! 지우 깁스 풀었네."

"맞아 이제 다치지 않고 너네 힘들게 안 할게."

"그리고 그동안 고마웠어. 애들아, 고마워."

친구는 같은 짝이 되면 기뻐하고, 힘들어할 때 도와주고, 슬퍼할 때 곁에서 위로해 주는 것이다.

에필로그

여름이 올 무렵 쓰기 시작한 동화가 두 계절을 지나 이제 책으로 나올 준비를 마쳤습니다. 교사가 되어 아이들과 함께 만든 첫 동화책입니다. 모든 과정이 서툴렀지만, 한 줄 한 줄 채워지는 아이들의 글을 읽을 때면 마음이 두근거렸습니다. 가만히 보고만 있어도 웃음이 나는 이 매력적인 아이들의 세상을 오래도록 남겨두고 싶었습니다.

12명의 작가가 모여 12편의 동화를 썼습니다.
"차차쌤, 날도 좋은데 우리 밖에 나가서 동화 쓰면 안 돼요?"
낭만을 아는 작가들입니다. 아니, 수학을 피하는 방법을 찾아낸 아이들입니다. 꼭 수학 시간만 되면 시원한 바람을 느끼자고, 갑자기 동화를 쓰고 싶다고 이구동성으로 졸랐습니다. 그 귀여운 꼼수에 어떻게 안 넘어갈까요? 제가 졌습니다. 선생님이 시켜서 시작한 일에 이렇게나 적극적으로 나서주니 저도 덩달아 신이 났습니다. 아이들의 소중한 일상이, 생각지도 못한 상상력이 고스란히 담긴 귀한 이야기들이 탄생했습니다. 매일매일 자라는 열 살 어린이의 세상을 따뜻한 마음으로 봐주세요.

매년 아이들을 만나면 함께 나누는 말이 있습니다.
'세상은 재미있는 곳이란다. 우리는 남들한테 이기거나 지려고 태어난 게 아니야. 내 몫만큼 즐겁게 살려고 온 것이지!'

- 한상복, 『재미』 中

올 한 해, 스스로 재미를 찾아가는 삼각김반 아이들과 살아가며 그들의 동화 안에 푹 빠질 수 있어 행복했습니다.

- 얘들아! 너희 이야기를 들려주어서, 너희 세상을 보여주어서 고마워. 이제…… 수학 진짜 열심히 하자!

2025년 11월을 마무리하며
삼각김반 담임교사 차혜경

우리는 3학년!

발 행 | 2025년 11월 24일
저 자 | 구하라, 김도훈, 김로하, 김지한, 박준서, 송아현
　　　　　신승우, 신지우, 심재형, 안제이, 조현태, 함상현
발행인 | 차혜경
펴낸곳 | 성원인쇄문화사
출판사등록 | 강릉2007-5
주 소 | 강원특별자치도 강릉시 성덕포남로 188
전 화 | 대표전화(033)652-6375 팩스(033)651-1228
이메일 | 6526375@naver.com

ISBN | 979-11-92224-68-8 (73810)　　　　　　값 13,300원

ⓒ
본 책은 저작자의 지적 재산으로서 무단 전재와 복제를 금합니다.